Anton fährt Ski

Eine Geschichte von Susa Hämmerle
mit Bildern von Friederike Großekettler

CARLSEN

„Wird es auch genug Schnee geben?
Was, wenn mir der Kinderskikurs nicht gefällt?“
Anton ist so aufgeregt, dass er sich beim Angurten
verheddert. Gleich werden sie losfahren, in eine Woche Winterurlaub!
Und er wird das Skifahren lernen – hoffentlich!

Antons Bruder Michael schiebt sein nagelneues Snowboard auf den Rücksitz.
„Hör auf zu nerven, Zwerg!“, schnaubt er. – „Ich bin kein Zwerg!“, gibt Anton zurück.
„Bist du doch“, grinst Michael. „Ein Skizwerg.“
„Das reicht jetzt, Michael!“, ermahnt Mama. „Wenn du weiter stichelst, nenne ich dich Snowboard-Frischling!“
Das hat gesessen. Michael bleibt für's Erste still. Mama verstaut den Proviant. Papa überprüft ein letztes Mal den Skiträger. Und dann geht es los!
Sie fahren und fahren. Und immer noch kein Schnee! Anton macht sich schon Sorgen. Wann kommt endlich der Schnee? Doch um ständig zu fragen, ist er jetzt zu müde. Seine Augen werden immer schwerer, und plötzlich sieht er einen Zwerg!
Es muss ein Skizwerg sein. Über dem Helm trägt er eine Zipfelmütze. Die Skier hat er geschultert, denn es liegt kein Schnee. Der Skizwerg zwinkert Anton zu. Dann nimmt er die Mütze ab und schwenkt sie. Anton reißt die Augen auf: Aus der Mütze rieselt …

… SCHNEE!

Verwirrt reibt sich Anton die Augen.

Doch das blendende Weiß bleibt. Er ist in einer traumhaften Winterlandschaft, sieht einen Lift, die Piste, das Hotel … Sie sind da!

Alles Weitere erscheint Anton noch immer wie ein Traum. Das Einchecken an der Rezeption. Der nette Mann, der ihnen das Gepäck trägt. Die wunderschönen Zimmer. Das köstliche Menü im Hotelrestaurant. Und dass Michael nicht ein einziges Mal meckert!

Nach dem Essen geht Papa mit Anton zum Skiverleih. Er ist direkt im Hotel und hat bis neun Uhr abends geöffnet. Anton bestaunt die vielen Modelle, die aussehen wie neu. „Ich hätte gerne Carving-Ski!", flüstert er Papa zu. Der blonde Angestellte hat es gehört und lächelt: „Eine gute Wahl, junger Herr. Mal sehen, was wir für dich haben!"
Fast eine Stunde nimmt sich der Angestellte für Anton Zeit. Er wird gewogen und vermessen, er muss in mehrere Skischuhe steigen, er darf sich einen Helm aussuchen und die Farbe der Skier. Schließlich wird noch die Bindung genau auf Anton eingestellt. Und dann trägt er die Skiausrüstung stolz in den Skiraum des Hotels – obwohl er sie ja am liebsten mit ins Zimmer genommen hätte!

Am nächsten Morgen wird Anton früh wach. Sofort hüpft er aus dem Bett und läuft zum Fenster. Ja, da ist sie noch, die tief verschneite Welt, mit Bergen, hoch hinauf.
„Juhu! Ich komme, Skizwerg!“, ruft Anton – so laut, dass Michael verärgert aus dem Schlaf auffährt.

Nach dem Frühstück ist es mit Antons Übermut nicht mehr so weit her. Mit klopfendem Herzen steht er auf der Übungswiese, inmitten fremder Kinder. Zum Glück kennt er die Skilehrerin schon. Sie hat ihm bei der Anmeldung gesagt, dass sie Elvira heißt, und Anton fand sie gleich sehr nett!

„Wie wär's mit einer Schneeball-Mäusejagd?", fragt Elvira jetzt. „ Und dann zeig ich euch das Anschnallen der Ski."

Anton macht zuerst ein wenig zögernd mit. Doch bald findet er Spaß an Elviras Spielen.

Und ehe er sich versieht, hat Anton schon gelernt, ganz selbstverständlich in die Skibindung zu steigen.

Er hebt die Ski vorn und hinten an.

Er geht als Zwerg in die Hocke.

Und er tritt die schönsten Sterne in den Schnee,
mal die Skispitzen zusammen und mal die
hinteren Enden der Ski …

„Na, wie war's?", fragt Papa am Abend. Sie sitzen gemütlich im Wintergarten des Hotels. Draußen hat es begonnen zu schneien und die Flocken bestäuben sachte die Kuppel aus Glas. „Ich habe schon den Pflug gelernt", erzählt Anton. „Und Elvira sagt, ich bremse wie ein Ass!"
„Sie meinte wohl: Wie ein Aas", lästert Michael.
Mama mischt sich ein: „Wir können uns gerne über deine Bremskünste unterhalten, mein Lieber."

Täuscht sich Anton oder ist Michael rot geworden? Jedenfalls steht er betont lässig auf und sagt: „Ich gehe jetzt zum Après-Ski, unten im Jugendraum."
„Aber nur bis höchstens zehn Uhr", bestimmt Papa.
Als Michael verschwunden ist, will Anton wissen: „Was ist Après-Ski?"
„So nennt man das, wenn sich die Leute nach dem Skifahren vergnügen", erklärt Mama. Und Papa ergänzt: „Mit Skischuhtanz, Disco, Punsch und so."
„Aha", gähnt Anton. „Ich würde aber lieber schon ins Bett!"
„Na dann", lacht Mama. „Auf zum Après-Ski ins Land der Träume!"

Antons zweiter Skitag fängt mit Muskelkater an. Und mit schlechter Laune.
Was muss auch ständig Schnee am Skischuh kleben, wenn er in die Bindung steigt?
Und warum, verflixt noch mal, überkreuzen sich dauernd die Skier?
Außerdem scheint Anton über Nacht den Pflug verlernt zu haben,
und – plumps! – schon wieder ist er gestürzt!

ISBN 978-3-551-08849-9

ISBN 978-3-551-08955-7

ISBN 978-3-551-08624-2

ISBN 978-3-551-08873-4

ISBN 978-3-551-08658-7

ISBN 978-3-551-08893-2

ISBN 978-3-551-08862-8

ISBN 978-3-551-08805-5

ISBN 978-3-551-08912-0

Weltwissen

ISBN 978-3-551-08915-1

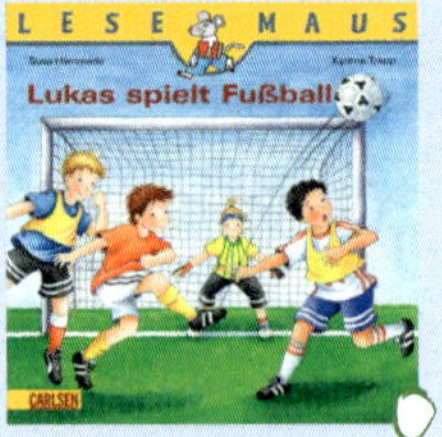

ISBN 978-3-551-08841-3

ISBN 978-3-551-08853-6

ISBN 978-3-551-08867-3

ISBN 978-3-551-08895-6

ISBN 978-3-551-08907-6

Conni

ISBN 978-3-551-08604-4

ISBN 978-3-551-08814-7

ISBN 978-3-551-08623-5

ISBN 978-3-551-08828-4

ISBN 978-3-551-08630-3

ISBN 978-3-551-08846-8

ISBN 978-3-551-08618-1

ISBN 978-3-551-08627-3

ISBN 978-3-551-08629-7

Mit Glitzerstickern

ISBN 978-3-551-08858-1

ISBN 978-3-551-08632-7

ISBN 978-3-551-08648-8

ISBN 978-3-551-08655-6

ISBN 978-3-551-08981-6

ISBN 978-3-551-08660-0

ISBN 978-3-551-08892-5

ISBN 978-3-551-08897-0

Max

ISBN 978-3-551-08904-5

ISBN 978-3-551-08813-0

ISBN 978-3-551-08832-1

ISBN 978-3-551-08843-7

ISBN 978-3-551-08954-0

ISBN 978-3-551-08870-3

ISBN 978-3-551-08872-7

ISBN 978-3-551-08894-9

Abenteuer Geschichte(n)

ISBN 978-3-551-08823-9

ISBN 978-3-551-08827-7

ISBN 978-3-551-08938-0

ISBN 978-3-551-08950-2

ISBN 978-3-551-08868-0

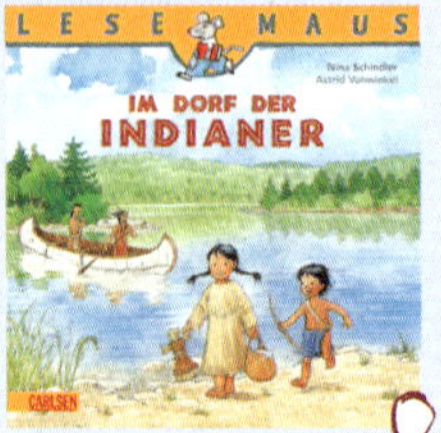

ISBN 978-3-551-08885-7

ISBN 978-3-551-08996-0

ISBN 978-3-551-08909-0

Tiere

ISBN 978-3-551-08835-2

ISBN 978-3-551-08875-8

ISBN 978-3-551-08883-3

ISBN 978-3-551-08998-4

ISBN 978-3-551-08999-1

Autos und Technik

ISBN 978-3-551-08830-7

ISBN 978-3-551-08940-3

ISBN 978-3-551-08657-0

ISBN 978-3-551-08986-1

Pferde

ISBN 978-3-551-08662-4

ISBN 978-3-551-08837-6

ISBN 978-3-551-08811-6

ISBN 978-3-551-08844-4

ISBN 978-3-551-08869-7

ISBN 978-3-551-08876-5

ISBN 978-3-551-08988-5

Genau in diesem Augenblick fährt Michael vorbei. Er grinst und ruft herüber:
„Schnee soll man nicht küssen … Schmelzgefahr!“
Anton schämt sich. Und er hat vom Skifahren die Nase voll!

Da kommt Elvira zu ihm. „Dein Bruder?“, fragt sie. Anton kann nur nicken. „Ich möchte wetten, dass er den Schnee viel öfter küsst als du!“, meint Elvira. Anton reißt verblüfft die Augen auf. „Woher willst du das wissen?“, fragt er. Elvira lacht. „Skilehrerinnenblick“, sagt sie. „Anfänger erkenne ich sofort. Besonders solche, die glauben, sie brauchen keinen Kurs. Soll ich dir aufhelfen?“

„Nein“, sagt Anton. „Das schaffe ich alleine.“
Und er schafft es wirklich. Genauso wie er es schafft, in sauberem Treppenschritt wieder den Hang aufwärts zu steigen. Und dann ohne Sturz oder Skiverkreuzung abwärts zu fahren – in astreiner Schussfahrt mit Bremsung durch Pflug!

„Schaut ihr noch ein bisschen zu?“, fragt Anton am nächsten Tag. Mama und Papa wollen gerne. Michael aber rümpft die Nase: „Zuschauen bei was? Beim Schneeküssen? Da habe ich Besseres vor! Ich bau mir eine Schanze!“ Und schon stapft er in Richtung Lift davon.

„Na warte!“, schnaubt Papa und flitzt hinterher. Mama seufzt: „Michael soll nicht alleine auf die Piste. Weil er doch …“

„…noch ein Anfänger ist!“, lacht Anton und steigt gekonnt in die Bindung.

Mama bleibt den ganzen Vormittag. Sie ist beeindruckt von Antons Fortschritten. „Er könnte schon mit Ihnen auf die Piste“, meint Elvira. „Wenn er heute noch das Kurvenfahren übt. Und keine Angst vor dem Lift hat.“
Anton macht einen Luftsprung. Und landet mit Skiverkreuzung! Aber diesmal nimmt er es nicht tragisch. Denn schon morgen wird er auf der richtigen Piste talwärts sausen – mit Sprung über Michaels Schanze!

In dieser Nacht träumt Anton wieder vom Skizwerg. Er zeigt ihm, wie das Liftfahren geht. Der Lift führt bis in den Himmel hinauf, und Anton fährt auf Wolkenbergen Ski …

Der wirkliche Lift endet zum Glück bei der Bergstation. Etwas zittrig steigt Anton aus. Und jetzt steht er da, unter sich einen fast senkrechten Hang!
„Es sieht von oben steiler aus, als es ist“, ermutigt ihn Mama. „Fahr einfach im Pflug. Ich fahre voraus und Papa passt hinter dir auf.“ Und Michael? – will Anton fragen. Doch da braust sein Bruder bereits an ihm vorbei. Er macht ein paar Schwünge, verliert das Gleichgewicht – und landet auf dem Po.
„Achtung, Schmelzgefahr!“, lacht Anton und stößt sich mit den Stöcken ab …

Es wird zwar nicht gerade eine Profi-Fahrt. Aber immerhin schafft es Anton, halbwegs hinter Mama zu bleiben. Und auf die vielen anderen Skifahrer zu achten. Und der Pistenraupe fern zu bleiben. Und vor Michaels Schanze haarscharf zu bremsen. Denn unter der Schanze liegt Mama und küsst, vor Lachen prustend, den Schnee …

Sie haben viel Spaß mit Michaels Schanze. Trotzdem ist Michael ungewohnt still. Das bleibt auch die nächsten zwei Tage so. Erst bei Antons Abschlussrennen vom Skikurs scheint Michael wieder ganz der Alte zu sein. Er steckt Anton kurz vor dem Start mit breitem Grinsen etwas zu. „Da, du Zwerg. Ein Maskottchen für dich. Damit du vielleicht doch nicht Letzter wirst!“ Anton ist sprachlos. Zum Bedanken bleibt ihm aber ohnehin keine Zeit. Denn soeben wird seine Startnummer aufgerufen!

Kurz darauf steht Anton aufgeregt in Position. Bevor Elvira das Signal gibt, kann er gerade noch das Maskottchen anschauen. Es ist ein Skizwerg, fast genauso wie er ihn geträumt hat! Über dem Helm trägt er eine Zipfelmütze. Und an den Beinen hat er winzige Skier. Behutsam steckt Anton den Skizwerg in die Tasche. „Danke, Michael!“, ruft er ganz laut. „Juhu, wir kommen!“ Und dann stößt er sich gleichzeitig mit Elviras Pfiff überglücklich ab – zum ersten Skirennen seines Lebens!

Was ein Skizwerg wissen muss

Ausrüstung

Am Sessellift

Nimm Rücksicht auf die anderen Skifahrer!

Nicht zu viel auf einmal essen und trinken, sonst gluckert es in deinem Magen.

Die Pistenraupe hat immer Vorrang!
Pistenmarkierungen beachten!
blau leichte Piste
rot mittelschwere Piste
schwarz schwere Piste